Martina Kern

glücklich wunschlos

... weil es sowieso so kommt
wie es kommt

1. Auflage 2018
Herausgeber: tao.de
Autor: Kern, Martina
Umschlaggestaltung, Illustration: tao.de

Herstellung: tredition GmbH, Halenraie 40-44, 22359 Hamburg
Verlag: tao.de in Kamphausen Media GmbH, Bielefeld
www.tao.de, eMail: info@tao.de

Bibliografische Information der Deutschen Nationalbibliothek: Die Deutsche Nationalbibliothek verzeichnet diese Publikation in der Deutschen Nationalbibliografie; detaillierte bibliografische Daten sind im Internet über http://dnb.d-nb.de abrufbar.

ISBN 978-3-96240-298-3 (Paperback)
ISBN 978-3-96240-299-0 (Hardcover)
ISBN 978-3-96240-300-3 (e-Book)

Inhaltsverzeichnis

Wünsch dir was	7
Per Definitionem	10
Ego und SoSein	14
Innen und Außen	18
Spieglein, Spieglein an der Wand	21
Verstand und Wahrnehmung	24
Unbewusstheit und Selbstverantwortung	26
Vom Fischer und seiner Frau	29
Die Kehrseite der Medaille	32
Utopia	38
Am Leben vorbei	42
Liebe und Sehnsucht	45
Schöpfergeist und Bewusstsein	49
Weil es sowieso so kommt wie es kommt	54
Ilsebill – oder wer du bist	58
Auf den Punkt gebracht	61
Anhänge	63

Wünsch dir was

Bekannt als Titel einer 70er-Jahre TV-Show mit Dietmar Schönherr und Vivi Bach, scheint „wünsch dir was" zwischenzeitlich zur Parole des „modernen" Menschen geworden zu sein. Man lässt sich neuerdings vom Leben „beliefern" und stellt entsprechende Ansprüche, die mit Hilfe erfolgreicher NLP-Systeme und Motivations-Coachings per entsprechender Gedankenausrichtung formuliert werden. Man spricht von Bestellungen, die beim Universum aufzugeben sind und die dann einwandfrei geliefert werden, wenn du bei der Bestellung nichts falsch gemacht und jede mögliche Eventualität eingeschlossen hast. Dabei soll dir die „Macht der Gedanken" das Gefühl geben, dein Leben in der Hand zu haben. Glück scheint demnach dann zu existieren, wenn du sozusagen wunschlos bist, weil alle Lieferungen eingetroffen sind, was dich quasi (immer wieder) glücklich macht. Schon als Baby greift dieser Befriedigungsmechanismus in Form des „glücklich-machenden" Schnullers. Doch das Glück bricht ganz schnell in Tränen aus, wenn dem Wunsch nicht nachgegeben wird.

Die schlechte Nachricht ist, dass dieser Mechanismus hochgradiger Abhängigkeit lebenslänglich abläuft, wenn du nicht aus dem Hamsterrad der Wünsche, die im Grunde Begierden sind, aussteigst. Die gute Nachricht ist, dass du einen inneren Schatz besitzt, der äußere Wünsche überflüssig macht, weil er dich über alles hinweg zu dir selbst führt. Es ist dein SoSein, das sich als Sehnsucht zum Ausdruck bringt und dir dadurch zeigt, was *wirklich* von dir gelebt werden möchte.

Wünsche hingegen halten dich davon ab deinen „wahren Reichtum" zu erfahren, indem sie dich von

Äußerlichkeiten abhängig machen. Doch alles was im Außen gelebt wird entspringt dem Ego und kann niemals beständig sein, weil das Ego immer mehr (Wunsch-)Erfüllung braucht, damit es (immer wieder) zufrieden ist. Doch nichts davon brauchst du wirklich, wenn du dein wahres SoSein lebst, was nicht bedeutet, dass du keinen äußeren Reichtum besitzen dürftest. Es geht vielmehr darum, dass du nichts wirklich von dem brauchst, was nicht deiner Sehnsucht entspringt und dass das, was sie dir zeigt ganz ohne Wünschen zu dir kommt. Wenn das Ego zur Seite getreten ist, weil du es entlarvt hast, drückt sich das ganze Leben in dir aus, dann bist du im Flow und alles kommt zu dir, was von dir gelebt werden möchte. Dann geschieht alles absichtslos, ohne Wunsch oder Zielformulierung.

In diesem Sinne, lasse dich ein auf dieses Büchlein und erkenne, dass du jetzt schon „glücklich wunschlos" bist. Es soll dir nicht ergehen wie Colette, die resümierte: „Was für ein herrliches Leben hatte ich! Ich wünschte nur, ich hätte es früher bemerkt." Glücklich zu sein bedeutet, dass es keine Wünsche braucht, weil nichts wirklich fehlt.

Vielleicht wirst du hier und da beim Lesen das Gefühl haben auf Wiederholungen zu stoßen. Das beruht darauf, dass sich ein Aspekt in mehreren Kontexten ausdrücken kann und deshalb von verschiedenen Seiten beleuchtet wird. Es ist wahrscheinlich, dass sich der Inhalt auf diese Weise leichter verinnerlichen lässt.

Per Definitionem

„Glück ist Selbstgenügsamkeit", sagte der alte Aristoteles und widerspricht so den heutigen Definitionen von Wunsch und Glück. Diese müssen wir hier zur Sprache bringen, damit du erkennen kannst, wie sehr sich die Menschheit von ihrem Ursprung entfernt hat. Bei Wikipedia wird das Glück mit der Erfüllung von Wünschen in Beziehung gebracht. Der dort als „vielschichtig" genannte Begriff beschreibt „Empfindungen von momentanem bis zu anhaltendem, von friedvollem bis zu ekstatischem Glücksgefühl", wobei Glück uns auch in Bezug auf ein äußeres Geschehen begegnen kann, zum Beispiel in der Bedeutung eines glücklichen Zufalls oder einer das Lebensglück begünstigenden Schicksalswendung. Das Streben nach Glück wird gar in der Unabhängigkeitserklärung der USA als originäres individuelles Freiheitsrecht deklariert. Wenn im Mittelalter das Glück noch die Bedeutung hatte, dass ohne eigenes Zutun oder besonderes Talent Ereignisse „gut ausgehen", so proklamiert hingegen der Volksmund eine mindestens teilweise Verantwortung des Einzelnen für die Erlangung von Lebensglück. Nach dem Ausspruch „Jeder ist seines Glückes Schmied", hängt die Fähigkeit, glücklich zu sein, außer von äußeren Umständen auch von eigenen Einstellungen und Bemühungen ab.

Interessanterweise sehen wir dabei, dass der Beginn der Diskussion darüber, ob der Mensch auf das Gelingen seines Lebens Einfluss nehmen kann, indem er selbst Verantwortung dafür übernimmt oder nicht, bereits weit zurück liegt. Dieser Gedanke führt automatisch zur Auseinandersetzung pro oder contra „freier Wille" bzw. Wahlmöglichkeit des Menschen. Hier jedoch in die Tiefe einzusteigen macht deshalb keinen Sinn, weil niemand behaupten kann, die *wirkliche*

Wahrheit zu kennen, auch kein noch so kluger Philosoph oder ein noch so erleuchteter Guru. Wenn wir uns jedoch aus dem spirituell-mystischen Bereich „das Ende des Weges" ausleihen, dann müsste der reife Mensch zwangsläufig in der Selbstverantwortung landen. Denn wenn es tatsächlich so ist, dass es nur „das EINE" gibt, dann existiert auch automatisch nur einer, der für Glück oder Unglück zuständig sein kann.

Was du hier auf jeden Fall erkennst ist, dass der Mensch aus dem Glück ein Objekt gemacht hat, etwas, das nicht intrinsisch in uns wohnt und aus uns heraus entsteht, sondern scheinbar im Außen gesucht, also gewünscht werden muss. Dahinter steckt der fatale „Mangel-Gedanke" des Egos, der das Glück zur „geisteskranken" Suche macht und dem Menschen damit das Unglück bringt!

Als „ein Begehren nach einer Sache oder Fähigkeit, ein Streben oder zumindest die Hoffnung auf eine Veränderung der Realität oder Wahrnehmung oder das Erreichen eines Zieles für sich selbst oder für andere", beschreibt Wikipedia den Wunsch. Das Ganze lässt sich noch unterscheiden in eigene Wünsche oder Wünsche für andere und zusätzlich gibt es noch die Unterteilung in „Gut" (Glückwünsche) und „Böse" (Verwünschungen, Flüche). Die Psychologie trennt darüber hinaus in bewusste und unbewusste Wünsche und die Religion impliziert den Frieden in den Wunsch. Die Aufzählung lässt sich nach dem griechischen Philosophen Epikur noch weiter differenzieren in natürliche und notwendige Wünsche und in ihr jeweiliges Gegenteil. Der allseits zitierte Sigmund Freud schrieb außerdem, dass Träume verdeckte Wunscherfüllungen seien, dass also verdrängte und tabuisierte Wünsche in symbolisch verkleideter Form im Traum auftreten. Gar magischen Charakter wiederum haben Wünsche im

Märchen, wo sie hauptsächlich als Belohnung oder auch Strafe auftauchen.

In unserer Betrachtung wollen wir uns auf den persönlichen Aspekt beschränken. Damit ist gemeint, dass dieses Büchlein Aufschluss darüber geben will, was das Wünschen konkret für den Menschen bedeutet, wie es sein Leben beeinflusst oder gar steuert, woraus das Wünschen entsteht und wer das überhaupt ist, der sich etwas wünscht. Es geht also um dich, die Person und das was die Suche nach Glück aus deinem Leben macht. Wir schauen hinter den Vorhang der ach so lieblichen Wünsche und holen das nackte Verlangen und die Gier hervor, die sich dahinter verstecken. Auf diese Weise kannst du das Wünschen als (unbewusstes) Begehren erfahren, als etwas, das deine Bedürfnisse ausleben und dein Verlangen befriedigen soll. Dabei geht es nicht darum, das Wünschen schlecht zu reden, sondern es einfach realistisch und ehrlich zu betrachten. Nur so hast du die bewusste Wahl, dich im Einzelfall oder generell für oder gegen das Wünschen zu entscheiden.

Ego und SoSein

Bevor wir näher in den Titel des Buches einsteigen, scheint es mir sinnvoll, zuerst die Begriffe „Ego" und „SoSein" zu klären. Falls du möglicherweise bereits mit spirituellen Themen in Berührung gekommen bist, dann wird dir das Ego bekannt sein, das dort oft als Antagonist des „Seins" verstanden wird. Wenn du die „Erleuchtung" anstrebst - was nichts anderes meint als die „Erlösung" des christlichen Konzepts -, dann wird dir meist vermittelt, dass das Ego loszuwerden ist. Das Ego ist, vereinfacht ausgedrückt, das was du glaubst zu sein, also das was du „Ich" nennst. Es ist dein Verstand, die Summe deiner Gedanken, deiner Erfahrung, deiner Erinnerung (Vergangenheit), deiner Prägung und deiner Konditionierung und schließt den körperlichen Aspekt mit ein. Im psychologischen Kontext ist entsprechend von der „Persona" oder „Maske" die Rede. Eigentlich kannst du sagen, dass es die Spiegelung, also Projektion, deines Bewusstseins (Geisteszustandes) ist, denn das was du glaubst zu sein ist im Grunde das was du (über dich) denkst.

Ein Mensch, der über das Konzept der Erleuchtung hinaus gelangt ist, kommt allerdings schlussendlich unweigerlich zu der Einsicht, dass das Ego nicht vom SoSein getrennt werden kann und somit nicht wirklich loszuwerden ist. Ego und SoSein sind EINS und das Ende des spirituellen Weges ist genau diese Erkenntnis und die Einswerdung, die aus ihr folgt. Dies kann jedoch nur dann geschehen, wenn das Ego durchschaut wurde, wenn also erkannt wurde, dass es in sofern eine Illusion ist, als dass es lediglich deine Programmierung darstellt. Du kannst den Ego-Verstand sozusagen als die Software betrachten, nach der dein Körper-Geist-Organismus „läuft". Diese Software, deren Einzelteile gerade beschrieben wurden, wirkt quasi an der Oberfläche deines Lebens als dein Ich-Gefühl. Weil das gedankliche Ego gerne als Kommandozentrale und Machthaber verstanden werden will, ist es darauf bedacht, dein wahres SoSein zu verbergen. Denn in dem Moment, in dem du erkennst, dass du nicht nur ein eingebildetes Ego-Programm bist, sondern dass du das „Alles" bist, was diesem Programm zugrunde liegt, verliert das Ego die Kontrolle und verbreitet Angst.

Da das Ganze doch recht unübersichtlich ist, kann vielleicht folgende Beschreibung für dich etwas mehr Licht in die Sache bringen: Als Neugeborenes bist du unschuldig, weil frei von jeder Konditionierung. Du kennst nichts, hast für nichts einen Namen, du lebst einfach nur und nimmst alles so wie es ist, weil es keine Alternative für dich gibt. Du hast noch keine Vorstellung davon, dass irgendetwas, das dir geschieht, anders sein könnte, weil du nichts anderes kennst als das was ist. Du bist einfach das was du bist, also SoSein. Im Alter von ungefähr zwei Jahren beginnt dann der Konditionierungsprozess. Zuerst sagt man dir, wie du heißt und wer Mama und Papa ist und was du darfst und nicht darfst. Du lernst forthin viele notwendige Dinge kennen und speicherst ebenso viel unwichtiges Wissen ab. Die Überzeugungen deiner Eltern hörst du quasi schon im Mutterleib und die Gesellschaft mit ihrer Gesetzesordnung und Moral tut im Laufe deines Heranwachsens ihr übriges. Dem unschuldigen SoSein wird auf diesem Weg ein gedankliches Ego „übergestülpt", das sich für das hält, was man ihm beigebracht hat. In manchen Fällen kann das nichts sein und in anderen viel. Doch alles was du irgendwann glaubst zu sein, bist du nicht wirklich. Es ist nur das Programm, auf dem Leben abläuft, das du deines nennst. Doch „innerhalb" des Egos wirkt dein ursprüngliches SoSein und manchmal kannst du es wahrnehmen, wenn es dich mit leiser Stimme (zurück)

„auf den rechten Weg" bringen will, zum Beispiel als ein Gefühl von Wahrheit, Unwahrheit oder Sehnsucht. Es entspricht im Wesentlichen dem christlichen Ausdruck „Seele" oder der indischen Bezeichnung „Atman".

Das SoSein ist das was du bist im unkonditionierten reinen Zustand. Es ist mit dem Leben verbunden bzw. es ist dieses EINE LEBEN. Und dein SoSein weiß, dass es nichts braucht aus dieser äußeren Welt, um Glück zu erfahren. Denn SoSein bedeutet Glückseligkeit und du bist in ihrem „Flow", wenn du mit dem lebst was ist, also mit dem Leben in Übereinstimmung ohne Widerstand fließt. Das ist Annahme, was bedeutet, dass es keine Zukunft gibt, in der du auf anderes hoffst, als das was ist und keine Vergangenheit, die entweder so viel besser war oder dich immer noch leiden lässt. Im Flow sein heißt ganz da zu sein – im Jetzt. Dabei geht es nicht um eine zeitliche Gegenwart, sondern um eine Präsenz die Zeitlosigkeit ist. Doch dem Ego ist das was ist zu wenig oder nicht gut genug und das immerzu. Deshalb wünscht es sich andere Zustände und sucht nach Glück in äußeren Dingen, die per se nicht dauerhaft sein können, weil alles Äußere einem MHD unterliegt.

Die Geschichte von Ego und SoSein ist sehr komplex und lässt ernsthaft nach Wahrheit Suchende nicht selten jahrelang einen verzweifelten Weg gehen. Doch weil es in diesem Buch um Wünsche und Glück geht, sollen sich die Ausführungen auf die hier gemachten Einblicke beschränken. Es geht lediglich darum, dass du erkennst, dass in dir scheinbar eine gewisse „Zweiheit" herrscht, obwohl es schlussendlich nur Einheit gibt. Und dass der eine Teil, den wir als Ego bezeichnen, ständig unzufrieden ist und deshalb immerfort auf die Suche nach äußerem Glück geht, während das SoSein in der Stille seiner Selbst darauf wartet, dass du spürst, dass es nichts im Außen zu finden gibt, weil in dir bereits bzw. schon immer das Glück wohnt, das du dein Leben lang suchst!

Innen und Außen

Diese scheinbar unterschiedlichen Kontexte, in denen das Ego und das SoSein jeweils leben, kann man in gewisser Weise auch als Innen- und Außenwelt bezeichnen. Wenn du in der Innenwelt deines SoSeins ruhst, ist alles in Ordnung, wobei „ruhen" nicht Stillstand oder Meditation bedeutet. Vielmehr sind das die Momente, in denen du ganz bei dir bist und das tust, was aus dir heraus entsteht – ohne Plan, Absicht oder Ziel. Es bedeutet, mit dem Leben überein zu stimmen. Du kennst bestimmt das stille Gefühl, wenn du dich mit Dingen beschäftigst, die du gerne hast oder worin deine Talente liegen. Aber du bist auch im Fluss des Lebens, wenn du ganz ohne besondere Begabung Dinge wenigstens mit liebevoller Bereitwilligkeit tust. Du wirfst dich jedoch selbst aus dem Paradies, sobald du Widerstand gegen das übst, was gerade angesagt ist. Weil du deinen Widerstand nach außen projizierst, entsteht eine scheinbare Außenwelt, die dir feindlich gegenüber steht – so zumindest dein selbst produziertes Gefühl. Sobald das Ego ins Spiel kommt und nicht mit dem zufrieden ist was ist, ist Krieg angesagt und zwar gegen alles was sich nicht dem Ego unterwirft bzw. seiner Meinung ist. Das kann sich sowohl gegen Menschen und Lebewesen jeder Art richten, als auch gegen Situationen, Begebenheiten, Bedingungen, also im Grunde gegen alles.

Aus der Sicht des Egos muss ihm alles was es im Außen findet dienlich sein. Es will aus allem einen Nutzen ziehen; umsonst geschieht nichts. Die Dinge sollen sich lohnen und Profit bringen. Es sieht die Welt als Kaufladen, aus dem heraus man sich am besten ohne dann die Rechnung bezahlen zu müssen bedient, also ohne Konsequenzen tragen zu müssen. Das Ego kann nur durch die äußeren Dinge bestehen bzw. wird durch sie aufrechterhalten, weil es sich über sie definiert und bestätigt, was sich auf „Haben" und „Sein" gleichermaßen bezieht. Es wertet sich auf durch den Besitz teurer Dinge und gleichfalls durch die Anschaffung von Titeln, Erhöhung des Status oder Erbringung von Leistung. Je mehr von all dem, desto besser - es ist niemals genug. Das Ego bringt sich auf diese Weise in Abhängigkeit zur Außenwelt. Es braucht sie, um sich aus ihr befriedigen zu können. Der Motor ist die Gier, die sich hinter jedem einzelnen Wunsch (nach anders, besser oder mehr) verbirgt.

Während dessen ruht das SoSein in sich selbst (Innenwelt). Es ist wunschlos und lebt in Harmonie, weil es alles so annimmt wie es ist. Es braucht nichts Zusätzliches und verlangt nichts. Es muss nicht mehr oder anders sein, als es ist. Es kooperiert mit dem Ego und seiner Außenwelt, weil es nicht anders geht, so lange du unbewusst bist. Doch sobald du durch Bewusstwerdung immer mehr erkennst, dass das, was du dir als Ego einbildest zu sein, lediglich ver(w)irrte Gedanken sind, desto mehr SoSein kann wieder zum Vorschein kommen. Vielleicht kann ein Sinnbild näher verdeutlichen: Stelle dir dein SoSein als Sonne vor, die aus sich heraus Licht ist, das alles überstrahlt. Nun legt sich ein Netz um die Sonne und je engmaschiger es ist, desto weniger Sonnenstrahlen können nach außen dringen, was die Welt verdunkelt. Das Netz sind deine Gedankenmuster, Konditionierungen, Überzeugungen und Gesetze, die dich quasi einschließen und verhindern, dass du dein wahres Potential vollständig zum Vorschein bringen und ausdrücken kannst. Doch durch Bewusstheit kannst du die Knoten des Netzes lösen, indem du deine Gedanken hinterfragst und eine ehrliche Reflektion deines Handelns und Fühlens betreibst. Je besser (ehrlicher) dir das gelingt, desto mehr verliert die Außenwelt an Bedeutung. Das Außen kann dich nicht zu etwas machen, was du nicht bist und es kann dir nichts Notwendiges geben, weil du nichts brauchst. Die Außenwelt ist nur dazu da, damit du das erkennst. Ansonsten hat sie keinerlei Bedeutung für dich.

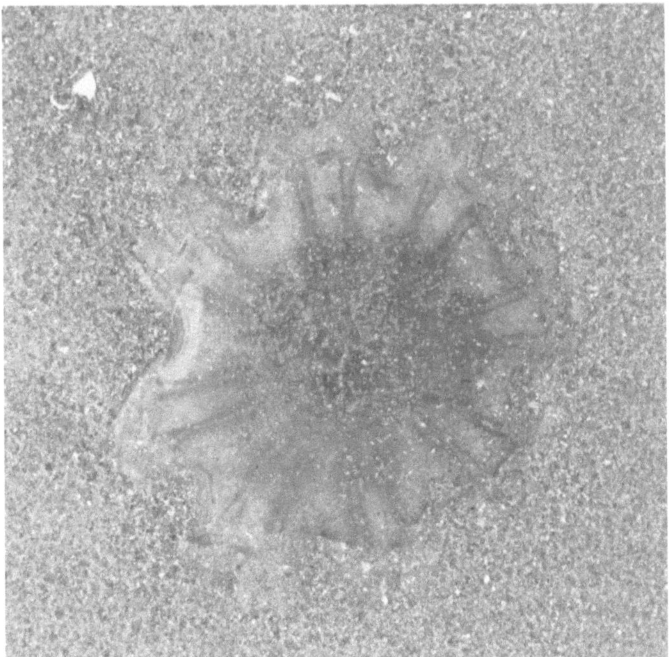

Spieglein, Spieglein an der Wand

Schneewittchens böse Stiefmutter zeigt dir wie das Ego funktioniert: Es will immerzu das Schönste und Beste sein. Manchen Menschen kannst du das an der Nasenspitze ansehen, weil sie offensiv sind und keinen Hehl aus ihren Ansprüchen an das Leben machen. Es gibt aber auch die „grauen Mäuschen", die sich für nicht schön oder gut genug halten und darüber traurig werden und sich selbst bemitleiden, weil sie niemals so sein werden, wie die Besten. Doch das ist noch nicht die Ursache ihrer Depression. Was sie wirklich depressiv macht, ist der innere Wunsch, doch genau so sein zu wollen und somit ebenfalls das (versteckte) Begehren nach „Besser" oder „Schöner". Egal also ob offen, verschämt oder gar geheuchelt: Jeder Mensch giert nach etwas, was er im anderen sieht und es kommt darauf an, wie du auf dein „Spiegelbild" reagierst.

Da ist zum einen der Neid der entsteht, wenn du entdeckst, dass der andere mehr hat oder besser ist. Erkennen tust du dies, indem du vergleichst. Und das geschieht permanent und zwar überwiegend unbewusst. Während du aktiv lebst, läuft passiv in deinem Gehirn ständig dieser Vergleich ab, den deine Gedanken dann zusätzlich (in krankhaften Fällen andauernd) kommentieren. Wenn du dem anderen ehrlich seinen Erfolg gönnst, weil du ihn magst, dann wird dich das möglicherweise dazu anspornen, es deinem Freund gleichzutun. Es könnte dich also dazu motivieren, etwas an dir zu verändern, weil es dir sinnvoll erscheint. Reagierst du missgünstig auf die Sache, dann wird es dich entweder deprimieren und damit passiv machen, weil du dich dabei als Opfer siehst oder du wirst den Erfolg des anderen abwerten, damit du dich selbst wieder gleichwertig sehen kannst. Das, was dir der

Neid zeigt ist das, was du (zumindest zu Teilen) auch gerne haben oder sein würdest. Das ist Fakt! Und erst wenn du zu dieser Wahrheit ehrlich stehen kannst, ohne sie beschönigen zu wollen, wird sich dieser Teil des Gedankennetzes um deine Sonne auflösen und zwar selbständig.

Alles was du im Außen siehst zeigt dir wer du bist – so oder so. Jeder Mensch ist ein Spiegel für dich, in dem du dich erkennen kannst, wenn du das ehrlich möchtest und deinen Blick nicht nur auf die guten Eigenschaften des Bildes beschränkst. Das was dir an anderen gefällt als das zu erkennen was du selbst hast oder bist, ist einfach. Doch das in dir zu erkennen, was dir am anderen nicht gefällt, also das ans Licht zu holen, was du in dein eigenes Unterbewusstsein verbannt hast, weil du nicht dazu stehen willst, ist die eigentliche Aufgabe. Du erkennst deine „Schatten" daran, dass du ärgerlich, wütend, aggressiv oder traurig auf das reagierst, was der andere sagt oder tut, was auf tieferer Ebene Widerstand bedeutet. Du lehnst es deshalb ab, weil du ebenso bist (was du natürlich niemals zugibst) oder weil du in deinem tiefsten Inneren gerne so wärest (Heuchelei).

Wenn du auf einen freigeistigen Menschen aggressiv oder abwertend reagierst, dann wohl deshalb, weil du selbst im Gefängnis deiner Gedanken sitzt. Das zu spüren tut weh und je mehr Schmerz du fühlst, desto näher trifft der Pfeil die Wahrheit. Aber allein nur diese kompromisslose Ehrlichkeit kann deine Konditionierungen lösen, indem du genau schaust und dabei Wahrheit und Schmerz aushältst. Wenn da die Bereitschaft ist, dich nicht nur mit Engeln zu umgeben, weil sie dir ähnlich sind und dich bestätigen, sondern gleichfalls mit „Arsch-Engeln", weil sie dir deine Kehrseite zeigen, desto schneller kann Wahrheit zum Vorschein kommen und dein SoSein ans Licht bringen.

Dir wird alles gezeigt und das nicht nur von Menschen, denn auch Tiere oder Situationen und Geschehnisse spiegeln dir dein „ungeschöntes" Wesen. Wenn du gelernt hast damit zu leben, dann weißt du, dass nichts im Leben geschieht das nicht der Wahrheit dient. Aber nicht weil du danach suchst, es willst oder gar wünschst, sondern weil dies von ganz alleine zu dir kommt, wenn du den Ego-Verstand in seine Grenzen verweist. Das Ego ist nicht der Chef im Haus und hat nicht dein Leben unter Kontrolle. Es ist lediglich eine Funktion, die es dem SoSein ermöglicht, in dieser Welt als Mensch leben und sich ausdrücken zu können.

Verstand und Wahrnehmung

Es mag dir vielleicht auf den ersten Blick nicht leicht fallen, in dir selbst einerseits das Ego und andererseits dein SoSein zu erkennen, vor allem, wenn du von beiden Begriffen noch niemals etwas gehört hast. Du kennst aber sicher die weitläufige Unterscheidung, wonach „der Kopf sagt und der Bauch fühlt", hast jedoch vielleicht noch nicht wirklich hinter diese Aussage geblickt. Sowohl im Gehirn als auch im Magen wird verarbeitet und verdaut, wenn auch unterschiedliche Dinge. Der Kopf wird dabei auf den Verstand beschränkt und damit auf deine Gedanken, während dem Bauch eher das Gefühl, also das Wahrnehmbare zugesprochen wird. Bereits als Kleinkind bringt man dir bei, dass man „zuerst denken und danach sprechen soll", was zur Folge hat, dass deine Entscheidung lediglich auf Gedankenarbeit basiert und die Einbeziehung von Gefühlen zur Sache grundsätzlich ausschließt.

Leider vernachlässigt auch die alt gewohnte Schulbildung den „gefühlten Bereich", was ein soziales Miteinander eher schwierig und das Herausfinden persönlicher Ressourcen (SoSein) fast unmöglich macht. So ist es nicht verwunderlich, dass wir alle überhaupt nicht wissen, dass es diese „intelligente Wahrnehmung" in uns überhaupt gibt und mehr noch, dass diese Intelligenz weit über unseren begrenzten Verstand hinausgeht, weil sie unendlich und vollkommen fehlerlos ist. Der menschliche Verstand ist lückenhaft, fraktal und absolut unvollständig. Wie willst du jemals mit einem fehlerhaften System eine korrekte Lösung finden? Es ist völlig unmöglich! Und trotzdem ist der Mensch davon überzeugt, die Krönung der Schöpfung zu sein. Dabei handelt es sich wohl um die größte geistige Verirrung, die es jemals gegeben hat und sie fußt auf Arroganz, Ignoranz und totaler Verblendung (Unbewusstheit). Nichts wirst du jemals mit absoluter Sicherheit wissen, weil alles was du glaubst, nicht wirklich wahr ist. Alles was du in dieser Welt siehst, ist das Produkt eines begrenzten menschlichen Verstandes. Punkt. Und *deine* Welt kann nur so sein, wie *du* sie siehst. Punkt. Wenn sie dir nicht gefällt, weil dir etwas fehlt, dann liegt das allein an dir und deinen (fehlerhaften) Gedanken (Einstellung) und keiner deiner „äußeren" Wünsche kann sie jemals wirklich verändern.

Unbewusstheit und Selbstverantwortung

Der Wunsch entspringt deinem Ego-Verstand analog zum Zustand deines Bewusstseins. Je unbewusster du durchs Leben gehst, desto mehr Wünsche wirst du wahrscheinlich haben. Unbewusstheit bedeutet, dass du noch nicht verstanden hast, dass du für *deine* Welt selbst verantwortlich bist, denn andernfalls würdest du nicht wünschen! Zu wünschen heißt, eine Veränderung nach außen zu projizieren, anstatt sie im Inneren geschehen zu lassen und zwar durch menschliche Reifung. Zu wünschen bedeutet kindlich zu sein, weil du die Außenwelt für die Erfüllung deines Glücks verantwortlich machst. Da sind die anderen, die dich bedienen sollen, von denen du dir Hilfe und Unterstützung erwartest, anstatt selbständig zu lernen und dich alleine deinen Herausforderungen zu stellen. Die anderen, das sind die Eltern und sonstige Autoritäten, wie Lehrer, Chefs oder Kollegen und Freunde, der Partner und sogar die eigenen Kinder, denen leider allzu oft die Elternrolle zugewiesen wird, weil man selbst nie erwachsen werden will. Du kaufst Sachen, um deine Bedürfnisse und Triebe zu befriedigen, tankst Kraft aus der Natur und stillst deinen Hunger nach Liebe (ersatzweise) durch Tiere.

Das Wünschen impliziert also eine gewisse Verantwortungslosigkeit bei gleichzeitiger Anspruchshaltung. Es ist eine Einstellung, die der Opferrolle gleich ist. Dem Kind spricht man diese automatisch zu, weil es als unschuldig betrachtet wird, so lange es noch keine Ahnung vom Gut und Böse dieser Welt hat. Sobald du jedoch aus diesem Stadium herausgewachsen bist, solltest du dir darüber im Klaren sein, dass es Zeit ist, die Rolle des Kindes abzulegen und das sanktionierte Opferdasein zu verlassen. Niemand braucht irgendetwas für dich tun und keiner muss deine Erwartungen erfüllen. Nur du allein hast deine Vorstellungen ins Leben zu transferieren und das ganz ohne den Wunsch zu haben, irgend jemand müsse dir dabei helfen und sei es auch „nur" Gott oder das Universum.

Im Kindheitsstadium verblieben sind auch die Menschen, die sich fortwährend in Illusionen verrennen und ein Luftschloss nach dem anderen bauen, fern jeglicher Realität. Da wird von Häusern oder Autos geträumt, die ohne Lottogewinn niemals realisiert werden können. Oder da wünscht man sich Fertigkeiten auf Gebieten, auf denen man absolut talentfrei ist. Dabei wird der Reichtum der anderen gerne abgewertet und übersehen, dass dafür, zumindest in den meisten Fällen, tatsächlich zuvor auch viel Einsatz gebracht werden musste. Nur zu wünschen und Lotto zu spielen reicht nun mal gewöhnlich nicht aus. Oft ist der äußerlich erfolgreiche Mensch einen harten Weg gegangen oder musste viel Verzicht üben, um dort hin zu kommen, wo er heute ist – gerade dann, wenn er nicht mit dem „goldenen Löffel" geboren wurde. Das gilt auch für alle die Idole, denen nachgeeifert wird und deren harte Zeiten der Erfolglosigkeit dabei gerne gedanklich ausgespart werden.

Auch der noch so kleinste Wunsch impliziert, dass etwas geschehen soll, ohne dass du etwas dafür tun musst. Und es soll sofort sein und völlig problemlos. Und dabei ist es egal, ob du dir Reichtum, Gesundheit oder Frieden wünschst. Doch wenn du nicht selbst der Wunsch bist, wird sich nichts wirklich tun. Mahatma Gandhi drückte dies so aus: „Sei du selbst die Veränderung, die du dir wünschst für diese Welt." Selbstverantwortung bedeutet, das was du dir wünschst aus dir heraus entstehen zu lassen und nicht der Außenwelt aufzubürden.

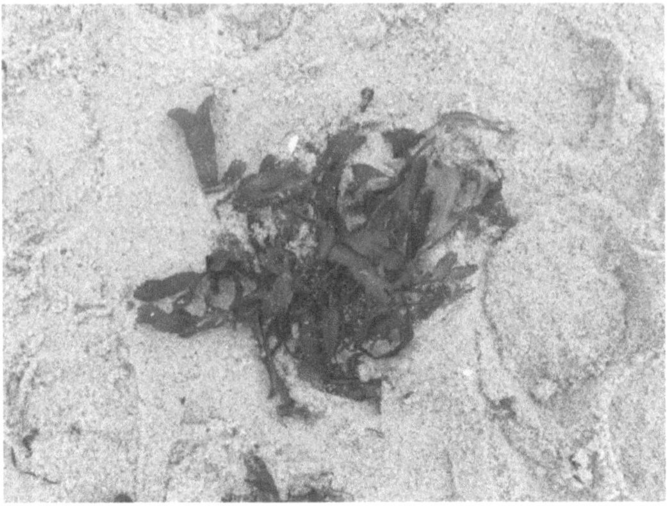

Vom Fischer und seiner Frau

Ilsebill, des Fischers Frau, ist im Grunde eine Versinnbildlichung der menschlichen Gier, die hinter jedem einzelnen Wunsch steht. Falls du die Geschichte nicht kennst, hier ein kurzer Abriss: Ein einfacher Fischer lebt mit seiner Frau Ilsebill in einer armseligen Hütte. Eines Tages angelt er einen Butt, dem er seine Freiheit schenkt, weil es sich um einen verwunschenen Prinzen handelt. Als seine Frau davon erfährt, verlangt sie vom Fischer, dass er den Butt noch einmal rufen soll, weil sie sich zum Tausch für seine zurück erlangte Freiheit von ihm eine größere Hütte wünscht. So ruft der Fischer: „Manntje, Manntje Timpe te, Buttje, Buttje inne See, myne Fru de Ilsebill, will nich so as ik wol will ...". Der Wunsch wird erfüllt und natürlich folgen immer weitere und größere Wünsche, wie ein Schloss und König, Kaiser und Papst werden zu wollen. Der Butt antwortet dem Fischer nach jeder einzelnen Wunscherfüllung mit: „Geh' nur hin, sie ist es schon". Als der Butt schließlich Ilsebills Wunsch, wie Gott sein zu wollen, vernimmt, findet der Fischer seine Frau zurück in die armselige Hütte des Anfangs versetzt.

Die Geschichte macht nicht nur die Maßlosigkeit des Menschen deutlich, sondern zeigt vielmehr *den* wichtigsten Aspekt auf, auf den an anderer Stelle eingegangen wird. Hier geht es jetzt um einen Mechanismus, der dem Menschen scheinbar inne wohnt, zumindest so lange, bis er sich dessen bewusst geworden ist. Es ist diese Art „Meta-Wünschen", also dass einem Wunsch zwangsläufig (darauf aufbauend) immer der nächste folgen muss, weil das menschliche Ego niemals genug hat. Natürlich kann man diesen Mechanismus auch positiv als Antrieb verstehen. Fakt ist jedoch, dass das ständige Wünschen eine Entspannung und Zufriedenheit verhindert oder gar unmöglich macht. Wenn du dem Verlangen nach „Immer-Mehr-Haben/Sein-Wollen" erliegst, hast du dich nicht nur abhängig gemacht, sondern dich vielmehr im Ego verirrt, das sich in äußeren Dingen sucht, weil es seinen Wert damit bestätigen muss. So verlierst du gleichzeitig völlig den Bezug zu dir selbst, nimmst also dein SoSein nicht mehr wahr, das nichts braucht, weil es aus sich heraus zufrieden ist.

Verlangen und Gier ist die größte Verblendung der Menschheitsgeschichte und hat durch den daraus resultierenden Neid nur Kampf, Hass und Intoleranz hervorgebracht. Jeder einzelne will im Außen seine Wünsche erfüllt sehen und so kommt es natürlicherweise zu Überschneidungen, da ja nicht nur du dir etwas wünschst, sondern auch der andere. Speziell in Beziehungen kannst du erkennen, wie anstrengend es ist, mit einem Partner zu leben, der es sich ständig anders wünscht, als es ist oder schlimmer noch, der sich dich anders wünscht als du bist. Entweder du reagierst wütend und ärgerlich oder depressiv und verzagt, weil du irgendwann vollständig davon überzeugt bist, nicht gut genug bzw. ein Versager zu sein. Die unentspannte Zeit tut ihr übriges und macht dich auf Dauer krank. Wenn du es nicht schaffst, die Wünsche deines Partners zurückzuweisen in seine eigene Verantwortung, wirst du entweder daran zugrunde gehen oder die Beziehung verlassen. Mahatma Gandhis Worte scheinen hier sinnvoll zusammenzufassen: „Die Welt hat genug für jedermanns Bedürfnisse, aber nicht für jedermanns Gier."

Die Kehrseite der Medaille

Die Geschichte von Ilsebill hat bereits die Schattenseite des Wünschens aufgedeckt bzw. die wahre Wirkkraft dahinter entlarvt: die Gier. Wenn du einem Wünschenden Habsucht unterstellst, wird er dies strikt und wahrscheinlich ärgerlich abweisen. Das Wünschen klingt so harmlos und wird manchmal sogar recht demütig formuliert: „Ich habe ja schon alles und bin froh und dankbar, dass es mir gut geht, aber es wäre schön, wenn vielleicht das ... und das ... noch in mein Leben käme." Das ist die Heuchelei des Egos, das nach außen hin bescheiden auftritt, während im Inneren die Unzufriedenheit mit der aktuellen Situation nagt. Mag sein, dass der Mensch diese Heuchelei betreibt, weil er gar nicht weiß, welcher Widerspruch in seinem Unterbewusstsein lebt, weshalb es umso entscheidender ist, sich seiner wahren Beweggründe klar zu werden. Das bedeutet Bewusstwerdung und nur sie allein kann das „wunschlose SoSein" zum Vorschein bringen.

Jegliches Wünschen entstammt dem Widerspruch gegenüber der jeweiligen Situation, also dem Jetzt, dem aktuellen Moment, dem er entspringt. Er ist Ausdruck von Unzufriedenheit, die der Nährboden für Depressionen ist. Der zutiefst depressive Mensch lehnt sein Leben (seine Lebenssituation) ab und wünscht es sich immerfort anders als es ist. Das hat etwas Maßloses, weil es (er) nie genug ist, so wie es ist. Es basiert auf dem Drang nach einer unerreichbaren Perfektion, was den Depressiven dadurch automatisch zum scheinbaren Opfer oder Versager macht. Wahrscheinlich wird er aufschreien, wenn er dies liest, weil der Depressive gerne an der Wahrheit vorbei schaut, um das zu bekommen, was er sich wünscht: Verständnis, Aufmerksamkeit und Mitleid. Doch vielleicht ist da eine winzige Öffnung, die es ihm möglich macht, darin wenigstens ein kleines wahres Körnchen zu fühlen. Ohne Wahrheit kann es keine echte Wunschlosigkeit geben bzw. sie ist der Weg dort hin und führt über die Annahme dessen was ist.

Die menschliche Gier agiert sich vor allem auch als Verzwecken, Ausnutzen und Benutzen aus. Ein Wunsch kann niemals zwecklos sein, weil er immer eine Mission in sich trägt, was sagen will, dass von ihm eine Lösung, Veränderung und letztendlich natürlich eine Verbesserung gewünscht wird. Der Wunsch steht also nicht einfach losgelöst für sich, sondern er dient immer einem Nutzen. Wenn du einen Wunsch hast, den ein anderer für dich erfüllen soll, dann bist du gerade dabei, diesen Menschen zu benutzen und zwar allem zugrunde liegend schon alleine für den Zweck , dass es dir in irgendeiner Weise nach der Wunscherfüllung besser gehen soll. Wenn dir jemand etwas schenkt, was du dir durch „bescheidenes Wünschen verdeckt erbettelt hast", dann hast du die Gutmütigkeit des Gebers ausgenutzt. Und was das Bestellen beim Universum anbetrifft, ist darin ein gewisser Anspruch zu fühlen, den du offensichtlich an das Leben stellst, so als ob das Universum Schuld daran oder versagt hätte, dass es dir nicht gut genug geht oder irgendetwas nicht ausreicht und jetzt von dir selbst durch deine Bestellung eingefordert werden müsste.

Aber es geht nicht nur um Geld oder Sachdinge unter Menschen. Auch Tiere werden vielfach für eigene Zwecke benutzt und das nicht nur, indem sie gegessen oder ihr Pelz getragen wird. Da werden beispielsweise Katzen ihr Leben lang in Wohnungen gefangen gehalten, nur weil der Mensch dadurch seiner Einsamkeit entfliehen will. Dahinter steht der Wunsch nach Liebe, Geborgenheit, Zweiheit und manchmal Schutz.

Dass es für die Tiere eine Qual ist, stundenlang alleine eingesperrt zu sein, während ihr Besitzer seine Freiheit genießt, wird ignoriert oder mit der Aussage beschönigt, dass Katzen ja sowieso Einzelgänger seien und mehr noch, den besonders „Dummen" wird doch wirklich das Märchen verkauft, dass das Tier als Hauskatze gezüchtet sei. Hast du jemals von einem Lebewesen gehört, das freiwillig darauf verzichtet, den Himmel zu sehen, sich im Gras zu wälzen und mit Kameraden zu spielen? Dass diese eingesperrten Tiere krank oder verhaltensauffällig werden müssen, weil sie sich nach der freien Natur sehnen, die sie intuitiv spüren und riechen, ist eine logische Konsequenz. Doch das ist nur ein winzig kleiner Teil des Leides, das der Mensch nicht nur der Tierwelt und der Natur, sondern seinem gesamten Lebensraum antut. Und das lediglich aus dem „einfachen" und so bescheidenen Wunsch heraus, „dass es *mir* doch nur besser gehen soll". Und was ist mit dem Rest der Welt?

Doch Gott sei Dank gibt es ja die „Retter", deren Lebenssinn es scheinbar ist, sich für andere einzusetzen und zu helfen. Wenn dies ohne den inneren Wunsch nach Dankbarkeit geschieht, so ist das wahrlich ehrenhaft und selbstlos. Wenn aber dein soziales Tun dem Zweck dient, dass du dich dadurch selbst besser oder wertvoller fühlst, dann steckt hinter dem Wunsch nach Helfen-Wollen der Wunsch nach Anerkennung oder Lob, das dich in gewisser Weise aufwerten soll. Es gibt sie bestimmt, die Engel, die völlig selbstlos helfen, doch du wirst sie kaum kennen lernen, denn sie bleiben anonym und unbekannt. Der Wunsch, bei anderen gut angesehen (geliebt) zu sein, geht in die ähnliche Richtung, wobei dieser noch einen anderen Aspekt in sich trägt, den Marie von Ebner-Eschenbach wie folgt ausdrückt: „Nichts macht uns feiger und gewissenloser, als der Wunsch, von allen Menschen geliebt zu werden."

Allgemein steht der Wunsch nach Frieden sicher allem voran und bestimmt teilst du ihn mit jedem sozialisierten Wesen. Doch jeder Wunsch nach Frieden ist nicht nur sinnlos, sondern überdies geheuchelt, wenn du dich innerlich im Krieg befindest. Wie sollte Frieden herrschen in dieser Welt, wenn jeder glaubt, der andere wäre sein Feind? Mit „Feind" ist jeder Andersdenkende, jeder gesellschaftliche Exot gemeint, der so gar nicht in deine Welt passen will. So lange die Erde „aufgeteilt" und nicht als Ganzes betrachtet wird, wird das Thema Aufrüstung existieren. Wozu braucht ein Land Aufrüstung, wenn es Frieden wünscht? Fühlst du diesen Widerspruch, diese Heuchelei, die jeden Tag in jedem Land stattfindet? Du kannst immer und jederzeit deinen Frieden haben, ohne ihn dir wünschen zu müssen, indem du jedem Menschen mit Toleranz begegnest und mit Situationen nicht im Widerstand bist. Frieden bedeutet jeden sein zu lassen wie er ist, ohne zu glauben, besser oder mehr Wert zu sein. Es kann keinen Weltfrieden geben, ohne die innere Gleichstellung. Frieden ist niemals durch äußeren Einfluss zu finden, sondern kann nur aus dem Inneren heraus entstehen. Deshalb brauchst du dir den Frieden auch nicht zu wünschen. Du selbst bist der Nährboden für Frieden, wenn du tolerant bist und respektvoll mit deinem Lebensraum umgehst.

Würde es ein Ranking der Wünsche geben, dann läge der nach Gesundheit sicher ganz weit vorne. Mag sein, dass der Wunsch nach mehr Geld an erster Stelle steht, doch selbst der noch so einfältige Mensch wird wissen, dass dir Reichtum überhaupt nichts nützt, wenn du todkrank bist. Bei der Gesundheit ist es ähnlich wie mit dem Frieden: Du brauchst dir keine Gesundheit zu wünschen, wenn du gleichzeitig ungesund lebst. Hier geht es mal wieder um Selbstverantwortung. Es reicht aber nicht, wenn du dich dabei nur auf deinen Körper beschränkst und die Psyche vernachlässigst. Sich lediglich auf der Körperebene gesund zu verhalten, indem du auf entsprechend hochwertiges Essen und ausreichend sportliche Bewegung achtest, ist nicht genug bzw. sogar vollkommen wirkungslos, wenn deine Psyche krank ist.

„In einem gesunden Körper ruht ein gesunder Geist", so ähnlich sagte der römische Dichter Juvenal und das stimmt. Körper und Geist sind eine Einheit. Wenn du beispielsweise innerlich einer Situation gegenüber im Widerstand stehst, entsteht Anspannung im Körper. Die Folge ist, dass sich die entsprechenden Muskelpartien verkrampfen. Der Gang zum Arzt wird folgen, wenn sich durch daraus resultierende Fehlhaltungen der Zustand verschlechtert. Gewöhnlich setzt man dir dann eine Cortison-Injektion und verschreibt dir Massagen, ohne je dem wahren Entstehungsherd im psychischen Bereich nachzugehen oder ihn gar aufzudecken. Daraus kann nur folgern, dass sich die Zustände chronifizieren bzw. verschlimmern. Das einzige, was du für deine Gesundheit wirklich nachhaltig tun kannst, ist, dir jederzeit Bewusstheit darüber zu verschaffen, inwiefern deine geistige Einstellung gerade dabei ist, dir Entspannung zu verschaffen oder eben das Gegenteil. Jeder einzelne Hinweis auf Unwohlsein trägt die Botschaft für dich in sich, näher hinzuschauen, was gerade in deinem Leben passiert. Gesundheit ist Harmonie, während Krankheit Disharmonie bedeutet, die durch inneren Widerstand, also Konflikt, entsteht. Und diese gesunde Harmonie bedingt die Annahme der Tatsache, dass dein menschliches Leben endlich ist und mehr noch, du musst verstehen, dann du schlussendlich nichts in der Hand hast und nur deinen inneren Gefühlen folgen kannst, um in dir harmonisch, also gesund zu bleiben.

Utopia

Das Wünschen erschafft eine Welt, die es gar nicht wirklich gibt. Da läuft ein Film vor deinem Inneren Auge ab, der das Bild eines für dich idealen Zustandes zeichnet. Es handelt sich hierbei um die Vorstellung einer Lebenssituation, die anders ist, als die Realität, in der du gerade lebst. Dabei zieht dich der Wunsch aus dem Moment heraus in eine Zukunft, die nicht wirklich existiert. Jeder Wunsch ist in erster Linie ein Luftschloss, eine Illusion, also ein Bild deiner Vorstellung. Dass dein Geist fortwährend Vorstellungsbilder entwirft, ist so in dir angelegt und kann nicht verändert werden. Das soll auch nicht geschehen, weil deine Schaffenskraft diesen Motor braucht. Denn deine geistige Kreativität gestaltet aktiv dein Leben, wohingegen der Wunsch im Gegensatz dazu steht. Er macht dich passiv, weil abwartend und legt damit deine „Schaffenskraft" lahm. Während du in Utopia lebst, rennt das wahre Leben an dir vorbei, wobei die Hoffnung deine Passivität noch verstärkt, weil sie Ausdruck des Wartens darauf ist, dass irgendwann dein Wunsch in Erfüllung gehen möge. Doch es gibt kein Irgendwann, es gibt keine Zukunft, es gibt nur das Jetzt, diesen Moment - und wenn du *jetzt* nicht handelst, kann niemals etwas geschehen.

So lange du dir ein ideales Leben vorstellst, bist du ein Träumer. Alles was du in deinen Bildern siehst, ist eine Fatamorgana. Wenn du etwas (anders) haben möchtest, dann musst du etwas dafür tun. Das ist der Deal. Wenn du nichts tust, kann nichts geschehen! Oder mit Arthur Schnitzlers Worten gesagt: „Am Ende gilt doch nur was wir getan und gelebt und nicht was wir gewünscht (ersehnt) haben". Wach auf aus deinem Dornröschenschlaf und bringe deine Träume in die Realität. Niemand ist dafür zuständig, dir deine

Wünsche zu erfüllen, außer dir selbst, was den Wunsch automatisch unnötig macht. Und wenn einmal etwas nicht klappt, also nicht erfüllt wird, dann deshalb, weil es wohl dem SoSein nicht entspricht. Für jeden von uns ist irgendwann Schluss und das muss akzeptiert werden. Es kann halt nicht jede Schönheitskönigin werden. So ist die Welt nun mal nicht angelegt. Es wird immer Leute geben, denen es in irgendeiner Weise besser geht als dir. Aber weil du dich immer nur in einem Teilaspekt vergleichst, bleibt dir der Rest der Person verborgen. Und so kannst du nicht sehen, dass die Schönheitskönigin vielleicht eine unheilbare Krankheit hat, die du dir sicher nicht dazu wünschen möchtest. Wenn du in der verzerrten Welt deiner Wunschbilder verharrst, wirst du unweigerlich am Leben scheitern. Allerdings kann es sein, dass du das gar nicht bemerkst, weil du dir dessen in deiner kindlichen Märchenwelt nicht bewusst bist. Natürlich macht dich dieser Zustand abhängig, denn du brauchst Leute, die dir zur Seite stehen, weil du als Kind dem „echten Leben" nicht gewachsen bist.

Und so wie dein gesamtes Wunschbild real nicht existiert, so gibt es auch keine tatsächliche Zukunft. Sie existiert lediglich als Vorstellung in deinem Kopf und wird von deinen Gedanken produziert. Der Glaube, dass es eine Zukunft gäbe, bringt Wunsch und Hoffnung erst auf den Plan. Ohne den Gedanken, dass es irgendwo einen Ort gibt, an dem etwas anderes passieren könnte, als das was hier und jetzt geschieht, gäbe es weder Wunsch noch Hoffnung. Das mag wahrscheinlich befremdlich für dich klingen, wenn du dich noch nicht näher damit befasst hast, doch sowohl Vergangenheit als auch Zukunft existieren nicht real. Beides sind quasi Hirngespinste deines Geistes. Während du die Vergangenheit als Speicher des Bewusstseins betrachten kannst, in dem alle deine bisherigen Erfahrungen, Erlebnisse und Konditionierungen abgelegt sind, ist die Zukunft tatsächlich eine reine Einbildung des Geistes. Sie ist wie ein Bild, das gemalt wird. Wenn du zum Beispiel einen Baum auf eine Leinwand malst, dann ist dieser Baum keinesfalls ein echter Baum, der in der echten Erde wurzelt, sondern nun mal lediglich nur das Bild eines Baumes. Und genau so ist die Zukunft: einfach nur ein Bild von etwas, das von deinem Geist gemalt wird und als solches keine echte Existenz hat.

Folgerichtig bedeutet das, dass alles nur aus dem Jetzt heraus passieren kann und das nur dann, wenn du es selbst tust. Jedes Ziel das du hast bedingt diesen *jetzigen* Schritt und auch alle folgenden Schritte können immer nur *jetzt* geschehen, weil es einfach kein Irgendwann gibt. Und deshalb kannst du die Verantwortung für dein Leben auch nicht abgeben, weil nur du allein es bist, der den Samen für deinen „Lebensbaum" säen kann. Dazu steht dir deine Kreativität und Schaffenskraft zur Verfügung, mit der du die Bilder deines Lebens entwerfen darfst. Es liegt dann an dir, sie aktiv in der Realität zu manifestieren und so ein gelungenes Leben zu erschaffen, das glücklich wunschlos ist.

Am Leben vorbei

Wie wir schon entdeckt haben, basiert das Wünschen auf Verlangen und Begehren und damit ist es Ausdruck des Wollens ergo Willens. Der Wille entstammt dem Ego, das sich grundsätzlich immer im Mangel befindet. Da sitzt jemand in deinem Kopf und bewertet alles was du tust. Ist diese Bewertung negativ, dann hast du das Gefühl zu versagen und versuchst es mit Druck besser zu machen. Ist die Bewertung positiv, dann scheint erst mal alles mit dir in Ordnung zu sein, bis das schnelle „Aber" kommt, das dir sagt, dass es trotzdem noch besser geht. Wie auch immer die Bewertung aussieht, dein Ego macht dir auf subtile Weise fortwährend klar, dass das was du lebst nicht ausreicht oder grundsätzlich nicht das ist, was du leben könntest. Und dabei geht es nicht nur um Dinge, denen du hinterher jagen sollst; es betrifft natürlich auch dich als Person, weil auch du selbst permanent „Mehr-Werden" sollst. Dieser Blick des Mangels und Fehlens setzt sich bereits in der Kindheit fest, wenn du dich umschaust und siehst, dass andere Kinder mehr haben und dir deine Eltern beibringen, dass du so wie du bist nicht gut genug bist oder dass du hättest anders sein sollen etc. Wir alle kennen diese Konditionierungen, die dich dann später zu Therapeuten und Coaches führen, die im Grunde ins gleiche Horn blasen, weil sie alles aus dir heraus holen wollen, damit du besser, stärker und selbstsicherer wirst, womit dir nur bestätigt wird, dass das was du bist offensichtlich nicht ausreicht - ein Teufelskreis.

Jedoch die Ursache und Wahrheit *jeder* Problematik liegt viel tiefer und kann auch nur auf dieser, allem zugrunde liegenden Ebene nachhaltig gelöst werden. Die Sache ist nämlich die, dass wenn du deinem Mangel-denkenden Ego folgst, du damit automatisch niemals wirklich glücklich sein kannst. Ego und Glückseligkeit schließen sich gegenseitig aus, was bedeutet, dass Glück nur da sein kann, wenn das Ego weg ist.

Wie schon erklärt, ist das Ego nicht wirklich das was du bist, sondern das, was du glaubst sein zu müssen oder sollen. Es ist die Summe deiner Konditionierung, die dein SoSein verdeckt und so lange diese Überzeugung, dass etwas fehlt, nicht reicht oder nicht gut genug ist, da ist, so lange ist Glück nicht möglich, da kannst du wünschen wie du willst. Es wird nicht funktionieren, zumindest nicht auf Dauer. Mag sein, dass sich der eine oder andere deiner Wünsche erfüllt und du ein großes Haus und ein tolles Auto in der Garage hast. Aber was nützt dir das, wenn deine Kinder nichts von dir wissen wollen, deine Frau abgehauen ist oder du krank bist? Aber vielleicht ist auch alles gut bis an dein Lebensende und dann merkst du auf einmal, dass du all das gar nicht gebraucht hättest, wofür du dich dein Leben lang krummgelegt hast und dass du es dir damit unnötig schwer gemacht hast. Nicht dass ich dir das wünsche, aber hast du einmal mit einem Sterbenden gesprochen? Weißt du, was seine letzten Gedanken sind? Wenn du sie kennen würdest, würde dein Leben möglicherweise anders verlaufen. Aber wir wollen damit das Leben nicht schwarz malen, im Gegenteil. Vielmehr ist die Intention die, dass du erkennst, dass das Leben sich sowieso völlig selbständig lebt und dass jeder einzelne Ego-Wunsch bedeutet, sich diesem Lebensfluss entgegenzustellen, was Energieverlust und Un-Glück nach sich zieht.

Liebe und Sehnsucht

Dein SoSein entstammt der Quelle des Lebens, wie übrigens auch alles andere oder klarer ausgedrückt: Du bist dieses eine Leben das sich durch deinen Körper-Geist-Organismus in dieser einzigartigen Form zum Ausdruck bringt. Diese individuelle Form ist also im unkonditionierten Zustand dein SoSein. Sobald Konditionierung eintritt, wird das „reine" SoSein gewissermaßen immer mehr von einem „Gedanken-Vorhang" verhüllt. Schiebst du ihn (sie) auf die Seite, kommt das SoSein (wieder) zum Vorschein, das aus sich heraus weder etwas braucht noch werden muss. Es ist vollkommen im Einklang mit dem was ist, hat keine Intentionen, Wünsche oder Ziele. Es wirkt aus sich selbst heraus. Leben, auf das Kleinste heruntergebrochen, ist Energie, die sich ausdrückt in allem was du sehen und nicht sehen kannst. Es gibt keinen Unterschied zwischen Mensch, Tier, Pflanze, Erde, Universum. Alles ist diese Energie - auch der Raum zwischen diesen Dingen - und alles wirkt aufeinander ein. Nichts ist voneinander getrennt. Du kannst dies besser erkennen, wenn du dir unseren Planeten einmal ganz bewusst aus der All-Sicht anschaust. Da gibt es weder reale Grenzen noch einzelne Teile, die nur für sich selbst existieren. Da ist ein vollkommener Organismus, der in sich als Ganzes selbständig wirkt – und du gehörst dazu.

Mit diesem Blick betrachtet, wird klar, dass du niemals etwas tun kannst, was nicht den Rest der Welt (wenn auch vielleicht im Einzelfall nur sehr gering) beeinflusst. Weil alles zusammen hängt, wirkt auch alles aufeinander ein. Wenn du also an einer Stelle etwas wegnimmst, verschwindet es nicht einfach so, sondern kommt irgendwo hinzu. Das ist der Ausgleich, der ganz mechanisch abläuft und alles in Harmonie hält in dieser bipolaren Welt. Aber um hier nicht abzuschweifen in physikalische Gesetze, philosophische und spirituelle Weisheiten oder „esoterische Geheimnisse“, mag es für dich vielleicht grundsätzlich nicht unnütz sein, dich hierzu durch entsprechend anerkannte Lektüre einmal rational und fundiert ein klein wenig schlauer zu machen. Aber vielleicht genügen dir auch ganz „weltliche“ Aussagen von Astronauten, deren „Bild von der Erde“ sich nach ihrer „All-Sicht“ manchmal umfassend und gravierend geändert hat.

Ich verweise auf den Aspekt dieser Ganzheit deshalb so deutlich, weil ohne die Erkenntnis, dass alles tatsächlich EINS ist, keine wirkliche (Selbst-)Verantwortung eintreten kann. So lange du als Ego glaubst, der (getrennte) Herrscher dieser Welt zu sein, wirst du dir rücksichtslos „erwünschen“ was du willst. Wenn jedoch die Täuschung der Trennung aufdeckt wird, verändert sich automatisch dein Blick in die Welt. Du beginnst immer mehr mit den „liebenden Augen“ deines SoSeins zu blicken. Warum liebend? Weil durch das „Einssein mit allem“ folglich nur die Liebe als Prinzip des Lebens wirken kann und das drückt sich christlich gesprochen in der Nächstenliebe aus oder buddhistisch gesehen als Mitgefühl. Wenn du weißt und wirklich tief in dir spüren kannst, dass du das Gleiche wie der und das andere bist, dann existiert auf dieser tiefen Ebene überhaupt nichts mehr, das anders ist. Anstrengende Selbstannahme und Toleranzübungen werden überflüssig, wenn du völlig verinnerlicht hast, dass du EINS BIST. Und wenn dieses alleinig existierende EINE Liebe ist und wir davon ausgehen, dass unsere individuelle Form in seiner Inkarnation irgendeinen Sinn haben könnte, dann ist es wohl der, genau dies herauszufinden.

Warum es so ist, dass unser SoSein scheinbar zuerst durch das konditionierte (illusionäre, da nicht real als Objekt existente) Ego in die Irre geführt oder verschleiert werden soll, kann niemand wirklich beantworten. Viele spirituelle Sucher, Religionen, Mystiker, Heilige und Philosophen landeten schließlich irgendwann allesamt am Punkt des „Nicht-Wirklich-Wissens", weil die Wahrheit niemals „gewusst" werden kann. Sie kann nicht durch Denken gefunden werden, weil sie jenseits allen Denkens liegt und deshalb kann eine „äußere" Wissenschaft letzten Endes nur scheitern bzw. unbestätigte Theorien verbreiten. Das Denken ist lediglich eine Funktion des Lebens, das überdies begrenzt, limitiert und damit ganz automatisch fehlerhaft ist; und mit einer falschen Formel eine stimmige Lösung hervorzubringen, ist unmöglich. Du kannst Wahrheit nur finden, indem du lebst und zwar nicht aus dem Ego heraus, sondern aus deinem SoSein, das die Grenze des Menschlichen überschreitet. Doch die Stimme des SoSeins ist leise und du musst still sein, um sie zu hören. Ihre Sprache ist die Sehnsucht, die dich zieht und dir den Weg zu dieser Wahrheit weist. Und nur hier findest du das was dich glücklich macht: Liebe, die Wahrheit ist.

Während der Wunsch Ausdruck des Egos ist, wohnt die Sehnsucht deinem SoSein inne. Sie malt keine Bilder und hat keine Vorstellungen, kann nicht gesehen oder gedacht werden. Sie kann nur wahrgenommen werden als ein „Etwas", das in dir stattfindet. Es ist ähnlich wie ein Gefühl, kann aber nicht wirklich in Worte gefasst werden. Doch wenn du genau hin hörst, dann spürst du, dass es sich um Wahrheit handelt, die über das gewohnte Bauchgefühl hinausgeht. Es ist vielmehr eine Einsicht, die spontan auftaucht und dich lenkt. Und das geschieht völlig ohne Intention, ohne Ziel und ohne Zweck. Es findet einfach passiv statt. Deshalb ist da auch kein Plan, der umgesetzt werden muss. Das einzige, was zu tun ist, ist dieser Einsicht (plötzliche Idee) nachzuspüren. Manchmal kann die

Wahrnehmung zuerst etwas unklar sein, wie eine Ahnung oder etwas Vages. Die Stimme der Wahrheit ist leise und wenn du ihr den stillen Raum nicht zur Verfügung stellst kann es sein, dass Umstände notwendig (geschaffen) werden, die nicht zu überhören sind. Man nennt diese Zustände manchmal Krise - und weil sie dich, wenn du sie annimmst, deinem SoSein näher bringt, ist das die Chance für dich, anzuhalten, dich zu besinnen und still nach Innen zu hören, anstatt im Außen zu wünschen.

Schöpfergeist und Bewusstsein

Wenn ich eingangs etwas kritisch die menschliche „Selbstbedienung am Leben" beleuchtet habe, soll damit nicht gemeint sein, dass du nicht in Fülle leben darfst oder dass du Verzicht üben musst. Im Gegenteil! Es geht einfach darum zu erkennen, dass es einen Unterschied gibt zwischen dem verzweckenden Wunsch des Egos und der inneren Freude des So-Seins. Es sind zwei verschiedene Weisen, ob du aus Habgier, Machtstreben und Egoismus deine Forderungen an das Leben stellst oder ob du still und leise deiner Sehnsucht folgst, ganz ohne Absicht. Im Falle des Egos holst du dir fortwährend aktiv etwas, während das SoSein mit intrinsischer Wahrnehmung seiner Spur (Sehnsucht) folgt. Der Lebensraum beider ist gleich, wobei sich das eine nach außen orientiert und das andere nach innen.

Falls es dir noch schwer fällt, dein SoSein vom Ego zu unterscheiden, kann dir folgendes helfen besser zu durchschauen, ob gerade dein SoSein oder dein Ego am Werk ist: Wenn du Druck oder Zwang hinter einer Sache oder beim Unsetzen einer Aufgabe Stress verspürst, dich getrieben fühlst oder zwanghaft etwas erpressen möchtest, dann bist du im Ego gefangen, dann willst du es auf Teufel-Komm-Raus haben. Dieser Modus macht dich nicht glücklich, egal wie viel Erfolg du kurzfristig damit haben magst, er laugt dich aus und macht dich auf Dauer krank. Glücklich sein kannst du, wenn du nichts „erpresst", sondern die Dinge entspannt auf dich zukommen lässt. Das bedeutet aber keinesfalls untätig in der Wartestellung auszuharren. Das wiederum ist eher Ausdruck der ach so wohlwollend gepriesenen Hoffnung, die den Beginn des Untergangs einläutet. Zu hoffen bedeutet, dass du die Verantwortung abgibst und dich in der Opferposition ausruhst. Eine übergeordnete Autorität (Gott) bzw. Macht soll dann alles richten, wenn sie denn hoffentlich ein Einsehen hat. Dieser Aspekt geht zwar in die richtige Richtung, weil er Loslassen bedeutet, was wiederum *die* Voraussetzung für Glück überhaupt ist. Doch gerade durch die Übergabe des Wunsches an die Hoffnung bleibt ein Rest von „Wollen" und damit die Aufrechterhaltung des Eigenwunsches (Ego) bestehen. Echte Annahme wird dadurch verhindert, was eine Zufriedenheit mit dem was ist unmöglich macht. Krass ausgedrückt ist Hoffnung Heuchelei, weil sie nach außen ein Bild der Demut zeigt, während innerlich die Gier nach Erfüllung bestehen bleibt.

Die Dinge auf dich zukommen zu lassen mag oberflächlich betrachtet passiv erscheinen, erfordert jedoch Wachsamkeit von dir. Es ist eben nicht Untätigkeit, sondern bewusstes Interagieren mit dem Leben, ein höchst intensives Wahrnehmen der Dinge, die geschehen, in jedem Moment. Weil Sehnsucht leise spricht, kann sie nur mit ruhigem Geist gehört werden. Ein ruhiger Geist kann jedoch nicht durch Meditation erzwungen werden und braucht auch nicht wirklich die Stille eines Klosters. Beides ist sinnvoll und kann unterstützend wirken, wenn du auf dem Weg zu dir selbst (zu deinem Glück) bist; sie sind jedoch nicht zwingend erforderlich.

Ein ruhiger Geist bedeutet Klarheit und diese entsteht durch Ordnung, wenn du also weißt, was du tust und wer du bist. Ordnung tritt ein, wenn du aufgeräumt hast in deinem Leben und Wahrheit über dich selbst erkennst. Es ist ein „Weg in die Weite", der in gewisser Weise über die menschliche Dimension der Egozentrik hinaus geht in ein Leben, das viel intensiver gespürt wird, weil das SoSein immer mehr in dir zum Vorschein kommt. Du kannst also sagen: je wahrhaftiger du bist, je ehrlicher du dich den Wahrheiten deines Lebens stellst, desto klarer wird dein Blick. Die Konditionierungsnetze lösen sich mehr und mehr auf und du durchschaust die Mechanismen des Lebens. Du nimmst deutlich die Intelligenz wahr, die alles umgibt und die aus allem heraus wirkt. Und du weißt einfach, dass sie grenzenlos ist, weil du in dieses Gefühl von Freiheit hineingezogen wirst. Du durchschaust demütig, wie winzig, fehlerhaft und arrogant dein begrenzter Ego-Verstand ist. Und du erkennst gleichzeitig die tiefe Wahrheit, dass da nichts ist, was du als illusionäres Ego jemals erreichen könntest, wenn es deinem SoSein nicht entspricht ... und kein Wunsch und keine Bestellung können sich jemals darüber hinweg setzen!

Schöpfergeist, Kreativität, Verstand, Denken und Fühlen sind dir gegeben, damit du das im Leben manifestieren kannst, was aus deinem SoSein heraus erscheint. Es sind Funktionen, die in Zusammenarbeit mit den Sinnen auf deinen Körper-Geist-Organismus begrenzt sind. Ihr gesamtes Wirken im Sinne deines kompletten „geistigen Lebens" könntest du als dein Bewusstsein bezeichnen. Alles was sich in dir tut ist Bewusstsein, das sich über Vorstellung und Denken materialisiert. Insofern haben Gedanken tatsächlich Macht, nämlich die, dass du grundsätzlich immer das ins Leben transferierst was du dir gedanklich/bildlich vorstellst. Und das läuft zum großen Teil völlig unbewusst ab, in jedem Moment. Du kannst das gar nicht verhindern, weil dieser Mechanismus den Menschen ausmacht. Und so erschaffst du tagtäglich das, was deinem Bewusstsein entspricht. Je mehr du glaubst, dass der andere dein Feind ist, desto mehr wirst du dich im Krieg mit deinem Umfeld befinden und (dir) Leid erschaffen, was das Glück automatisch ausschließt. Je bewusster du dir deines Verhaltens wirst, desto mehr durchschaust du deine Gedanken, auf deren Basis Handlung geschieht. Und wenn du dann endlich erkennst, dass nur du selbst „deines Glückes Schmied" sein kannst, bist du in der Wahrheit angekommen, die Glück bedeutet. Dein Bewusstsein ist der Schlüssel zum Glück und die Suche nach ihm ist die Suche nach dir. Und dieses Bewusstsein findet nicht irgendwo im Außen statt, ist kein Objekt, sondern das „Medium", das - spirituell gesprochen - den Sucher zum Gesuchten führt. Oder wie Carl Gustav Jung es ausdrückte: „Wer nach außen sieht träumt, wer nach innen schaut erwacht."

Lasse alles in dir wirken und schau, wo es bei dir auf Wahrheit trifft. Du erkennst sie an deiner Reaktion, die entweder abweist im Sinne von ärgerlich sein, die abwertet oder lächerlich macht oder die annimmt und Übereinstimmung spürt, welche sich manchmal auch in Wehmut oder Trauer ausdrücken kann.

Weil es sowieso so kommt wie es kommt

Du hast gerade gelesen, dass es stimmt, dass du das erschaffst, was du denkst, dass also dein gesamter Körper-Geist-Organismus dazu da ist, Dinge ins Leben zu transferieren. Jeder Mensch drückt ganz individuell das aus in dieser Welt, was ihm entspricht und dabei ist natürlich entscheidend, in welchem Bewusstseinszustand du dich aufhältst. Je unbewusster du durchs Leben gehst, desto mehr Opfertum und Projektion wirst du zum Ausdruck bringen, weil Unbewusstheit Unkenntnis bedeutet. So lange du nicht weißt, dass du allein der Schöpfer deiner menschlichen Lebensumstände bist, so lange wirst du dich ausgeliefert sehen und andere schuldig sprechen. Das Leben wird zum Kampf und Unglück ist vorprogrammiert.

Ein bewusster Mensch, der verstanden hat, dass *seine* „Bewusstseinsarbeit" *seine* Lebenssituation entstehen lässt, wird automatisch Verantwortung für sein Wirken übernehmen. Verantwortung impliziert eine gewisse Ethik und drückt eine Art „Rechtschaffenheit" bzw. Wahrheit aus. Wenn du wahrhaftig bist, dann siehst und spürst du intensiv, welche Konsequenzen dein Handeln hat. Und weil du niemanden hast, auf den du Schuld projizieren könntest, ist ein Opferdasein für dich ausgeschlossen. Das bedeutet, dass du wahrscheinlich weniger Leid erschaffen wirst, weil du nicht leiden möchtest. Mit der „richtigen Einstellung" hast du also gute Aussichten, dir eine Lebenssituation erschaffen zu können, die dich glücklich und zufrieden macht.

So wichtig und wahr diese Tatsache ist, so unvollständig wäre aber die Betrachtung der „glücklichen Wunschlosigkeit", wenn der entscheidende Hinweis ausbliebe. Du wirst wahrscheinlich entrüstet aufschreien und dein Verstand wird rebellieren, wenn ich dir jetzt sage, dass es über deine eigene Schöpferkraft hinaus trotzdem

sowieso so kommt wie es kommt!

Denn es bleibt über alles hinaus unwiderlegbar, dass du in letzter Konsequenz überhaupt keine Macht hast ... und hier wären wir wieder bei der Diskussion über den „freien Willen“ bzw. die Wahlmöglichkeit des Menschen angekommen. Was ist nun wirklich wahr?

Arthur Schopenhauer sagte bereits: „Der Mensch kann zwar tun was er will, er kann aber nicht wollen was er will.“ Das bedeutet, dass du dein Leben insoweit beeinflussen kannst, insofern es deinem Programm entspricht. Da das SoSein an sich keinen „eigenen Willen“ besitzt, sondern sich dem Leben in dieser individuellen Ausdrucksform die es hat, überlässt, kann der „Eigenwille“ nur deinen Ego-Gedanken entspringen und damit deinem konditionierten Bild von dir. Und je konditionierter du bist, desto mehr entfernst du dich durch die Ausübung des Ego-Willens vom Ursprung deines SoSeins. So kommst du automatisch „vom Weg ab“, was dir letztlich Leid und Unglück beschert.

Doch je mehr du deine Konditionierungen durchschauen und auflösen kannst, desto mehr Möglichkeiten tun sich auf, die dein Lebensgefühl um ein Vielfaches intensivieren und erweitern. Denn das SoSein bedeutet Freiheit, weil es in der Einheit lebt, die eine grenzenlose Ganzheit ist. Hier anzukommen, ist die Suche und Bestimmung des Menschen, auf die die großen Denker und Meister schon immer hingewiesen haben. Und es ist tatsächlich möglich, nicht nur Konditionierungen zu löschen bzw. wirkungslos zu machen oder zu verändern, sondern auch auf die Gene einzuwirken. Das bedeutet, dass nichts bleiben muss wie es ist und dass von daher eine starre Determinierung nicht wirklich sein kann. In diesem Sinne kannst du also tatsächlich Einfluss nehmen, jedoch niemals absolut und dauerhaft aus deinem verirrten Ego-Verstand heraus. Vielmehr geschieht Wunscherfüllung nur dann, wenn sie analog zum *wahren* Schöpfergeist verläuft, der lautlos und direkt aus dem Hintergrund der EINHEIT heraus wirkt.

Doch es ist immer noch Begrenzung gegeben, selbst wenn du dich in deinem SoSein gefunden hast, zumindest so lange du in dieser Form lebst und an sie gebunden bist. Eine absolut vollständige Freiheit kann in diesem Körper nicht erfahren werden. Und von daher kannst du als Menschenform auch niemals allmächtig sein, denn wärest du es, würden sich alle deine Wünsche erfüllen und du würdest ein vollkommen ideales Leben führen, was Wünsche ergo völlig unnötig macht!

Deshalb hier die schlechte Nachricht:

Das Ego besitzt keinerlei Allmacht und kann von daher niemals das *ideale Leben führen, das es sich vorstellt, weil nicht jeder Wunsch in Erfüllung geht. Und überdies ist es ein Ausdruck dieser Ohn-Macht, Wünsche überhaupt äußern zu müssen!*

Nun zur guten Nachricht:

Das SoSein im Menschen besitzt ebenfalls keine Allmacht, braucht sie allerdings auch nicht, weil es im EINSSEIN bereits glücklich ist. Da das SoSein vollständiges Leben ist, ist es in sich völlig wunschlos.

Und noch mehr gute Nachrichten:

Du musst dich nicht jahrelang quälen und eine demütige „Ich-Nehme-Das-Leben-An-Wie-Es-Ist-Übung" leisten. Es reicht absolut, wenn du vollständig verinnerlicht *hast, dass es KEINE ALTERNATIVE ZUM LEBEN gibt! Es ist was und wie es ist, immer und ewig! Da kannst du machen was du willst: Es geschieht letztendlich nicht dein Wille, sondern der Wille des Lebens ... IMMER ...*

... deshalb:

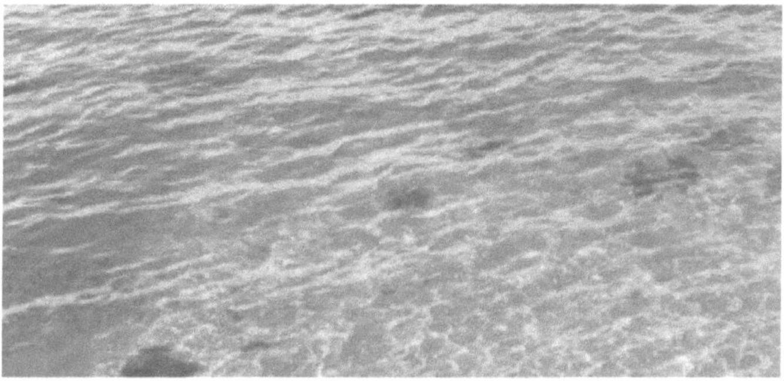

let it be

let it flow

... and feel the freedom!

Ilsebill – oder wer du bist

Glück bedeutet also, analog mit dem Leben zu leben, sich nicht vom Leben abzugrenzen, sondern es zu sein. Von daher braucht es auch das „analog" nicht, weil du es BIST (wie alles andere, was in diesem Universum existiert). Es gibt nicht dort das Leben und hier dich. Da gibt es nur EINS ... und das bist du. Das Leben zu SEIN bedeutet Glück, weil Leben keine Wünsche kennt. Deshalb kann der Wünschende nur das Ego sein und das Ego ist der Glaube, dass etwas fehlt oder falsch oder nicht gut genug ist. Doch ES SIND NUR GEDANKEN, die keine echte (Ego-)Realität besitzen. Aber diese Gedanken haben die Macht, dir das Unglück zu bringen, die Unzufriedenheit und die Depression. Und deine Gedanken *sind* deine Konditionierungen, deine Überzeugungen und Glaubenssätze. Dabei ist der entscheidende falsche Wurzelgedanke der, dass du vom Leben getrennt wärst und dass dieses getrennte Eigenleben in Form illusionärer Ego-Gedanken die Allmacht hätte. ES GIBT DICH NICHT EINZELN, ES GIBT DICH NUR IN DER EINHEIT DES LEBENS. Es ist nicht möglich, dich nicht aus der Ganzheit des Lebens zu entfernen und je mehr du das versuchst, desto mehr Leid erschaffst du.

Glück ist, wenn Erleichterung eintritt, weil du vollständig verstanden hast, dass du Leben bist und nicht mit einem illusionären Eigenwillen um ein illusionäres Eigenleben kämpfen musst. Du existierst zwar in diesem einzeln erscheinenden Körper-Geist-Organismus und hast scheinbar die Freiheit einzuwirken, selbst zu gestalten und aktiv „mitzuspielen", jedoch auf das menschliche SoSein begrenzt. So lange dein Einwirken deinem reinen (unkonditionierten) SoSein entspringt, wird das was du tust im Flow des Lebens sein. Entspricht dein Einwirken jedoch nicht deinem SoSein und entstammt dem Ego-Willen, wird es entweder nicht (auf Dauer) funktionieren oder das was du bekommen hast, wird dir wieder genommen. Außerdem wirst du dich dabei unter Druck fühlen und das Glücksgefühl ist entweder nicht ungetrübt oder kann nicht lange währen. Wahrscheinlich wird dann eine schwierige Zeit folgen, die dich auf dein SoSein verweisen will. Deshalb ist die beste Reaktion auf eine Krise, sie willkommen zu heißen, wenn sie eintritt, weil sie dich korrigiert und dir die Chance gibt, dich neu auf dein SoSein auszurichten.

Du weißt also jetzt, dass du glücklich wunschlos leben kannst, dass es wirklich möglich ist und dass dein Glück in den Händen deines SoSeins liegt. Deshalb können wir jetzt am Ende noch einmal auf Ilsebill zurückkommen, die wieder in ihrer armseligen Hütte sitzt, weil sie Gott sein wollte ... und der Butt sagte: „Geh' nur hin, sie ist es schon".

Ilsebill wurde also quasi wieder an den Anfang der Geschichte versetzt, dorthin, wo sie zu Beginn saß, in der armseligen Hütte. Sie war der Gier verfallen, die sich im „Haben-Wollen" ausdrückt und die mit ihrem Auftauchen immer schon auf das Ende verweist. Illusionäre Trennung setzte ein und zog Ilsebill aus der Ganzheit des Lebens (das was ist, ist nicht gut genug). Sie reiste durch ihre Wünsche und landete ... im Glück! Ja, tatsächlich! Du hast wahrscheinlich auch gedacht, dass sich ihr letzter Wunsch nicht erfüllt hätte. Doch das ist ein Trugschluss, dem man bei oberflächlicher Betrachtung (Ego-Sicht) aufsitzen kann.

Denn Ilsebills Wunsch wurde in der Tat erfüllt, sie wurde Gott und damit das, was sie schon immer war, aber nicht wusste ... denn:

Gott ist wunschloses Leben

wunschloses Leben ist SoSein

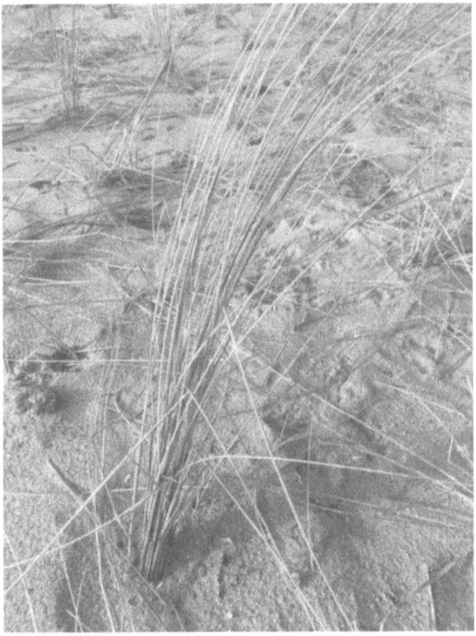

... und SoSein bist du!

Auf den Punkt gebracht

Das Leben an sich ist wunschlose Glückseligkeit.
Der Wünschende lügt.

Das Ego ist lediglich ein Mangel-Gedanke,
der dich von dem trennt, was wirklich ist.

Das SoSein, das du bist, ist ein individueller Ausdruck
des Lebens in diesem Körper-Geist-Organismus,
der Teil der Ganzheit ist.

Das SoSein ist im Flow mit allem wie es ist.
Es braucht nichts und
will nichts anderes sein als es ist.

Die Sehnsucht ist der Herzschlag des SoSeins.
Wenn du ihm nachspürst, findest du dich.

Das SoSein ist Freude.
Du bist Zuhause, wenn du sie spürst.

Das SoSein kennt nichts als Wahrheit.
Sie wohnt in ihr.

Lasse dich von deiner Sehnsucht leiten
und gib deiner Freude Raum.
Sei dabei jederzeit wahrhaftig und stehe fest in dem
was ist, dann bist du glücklich wunschlos.

Bereits erschienene Taschenbücher unter INA KERN

siehe nächste Seiten

Zu bestellen bei tao.de, Amazon oder im Buchhandel

Durch ihre psychologische Arbeit mit vielen hilfesuchenden Menschen und aus ihrer spirituellen Einsicht wurde es für Ina Kern immer offensichtlicher, dass das Thema „Selbstwertgefühl" Ursache vieler Probleme ist und den Menschen in seiner „Opferrolle" hält.
Sie erkannte, dass ohne Selbstwert-Sein, sich das Leben leichter und freier gestaltet und die Konflikte mit dem Umfeld und sich selbst verschwinden.
Ein paradoxer Ansatz, der umso mehr wirksam ist, als alles andere, was bisher in Psychotherapien und Selbsthilfebüchern angeboten wird.

Dieses Buch ist kein weiterer Ratgeber „gegen" die Angst, sondern stellt deren Aspekte im konstruktiven Sinne dar. Der Autorin ist es wichtig, dass du erkennst, dass die Angst dich befreien kann; aus der Enge deiner Gedanken über dich selbst, deiner Möglichkeiten und deiner Welt. Angst kann zu deinem Leitfaden werden und deinen Lebensraum erweitern: „Stelle dich deiner Angst. Wenn du durch sie hindurch gehst, entsteht Freiheit – alles ist möglich!" Ina Kern stellt die verschiedenen Gesichter der Angst vor, deren Projektionen und Ursachen und zeigt auf, wie du dich aus ihr befreien und heilen kannst.

Ina Kern versucht in diesem Buch den Spagat zwischen rationalem Verstandesdenken und spiritueller Weisheit. Sie zeigt dir einen Weg heraus aus der Problemwelt des egozentrischen Paradigma 2 hinein in das neutrale Paradigma 1 und macht deutlich, dass du alle Möglichkeiten hast deine Probleme im Nichts verschwinden zu lassen, wenn du die grundsätzliche Ursache aller Probleme erkannt hast. Das Buch leitet in seinem zweiten Teil auf über 170 Seiten durch psychologisch-spirituell fundierte Antworten zu Themen wie Beziehung, Selbstwert, Loslassen, Vergebung, Sinn, Sein und Erleuchtung aus der Theorie über in die Praxis eines bewussten Lebens.

mögest du glücklich wunschlos sein

D A N K E

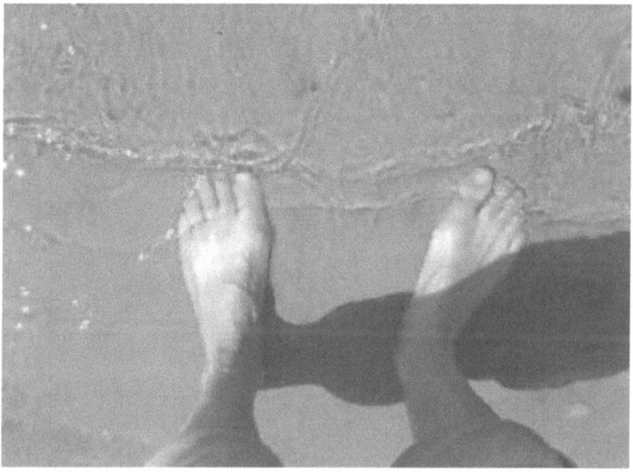

martina.kern@t-online.de